DE LA
SITUATION RELIGIEUSE
DE L'ALGÉRIE,

PAR CHARLES DE RIANCEY.

MEMOIRES

DE MGR L'ÉVÊQUE DÉMISSIONNAIRE D'ALGER.

I. — MÉMOIRE AU ROI EN SON CONSEIL,
Alger, le 24 janvier 1845.

II. — NOTES INTÉRESSANTES A CONSULTER,
1er janvier 1846.

III. — A SA SAINTETÉ LE PAPE GRÉGOIRE XVI,
ÉVÊQUE D'ALGER, ANTOINE-ADOLPHE,
Le 29 janvier 1846.

PUBLIÉ

PAR LE COMITÉ ÉLECTORAL

Pour la défense de la Liberté religieuse.

DIEU ET NOTRE DROIT.

PARIS,

A LA LIBRAIRIE CENTRALE, CATHOLIQUE ET CLASSIQUE,

CHEZ JACQUES LECOFFRE ET Cie,

rue du Pot-de-Fer-Saint-Sulpice, 8.

1846

Le *Comité électoral pour la défense de la liberté religieuse* a pour président M. le comte de MONTALEMBERT, pair de France ; pour vice-président M. de VATIMESNIL, ancien ministre de l'instruction publique ; pour trésorier, M. Amédée THAYER, et pour secrétaire, M. Henri de RIANCEY. Il compte parmi ses membres M. le marquis de BARTHÉLEMY, pair de France ; M. CLAPPIER, député du Var, etc. La librairie centrale de Jacques Lecoffre et Cie, rue du Pot-de-Fer, 8, près Saint-Sulpice, est chargée du dépôt central des publications du Comité, et de recevoir les souscriptions destinées à couvrir les frais de ces publications. Ces souscriptions, dont le minimum est fixé à 12 fr. par an, et qui donnent droit à la réception de tous les écrits publiés par le Comité, peuvent également être versées chez M. Thureau-Dangin, rue Garancière, 13, chez A. Sirou et Desquers, imprimeurs-libraires, rue des Noyers, 37, et au bureau de l'*Univers*. Les correspondances doivent être adressées au président, rue du Bac, 36 *bis,* ou au secrétaire, rue des Petits-Augustins, 21.

Imprimerie d'A. SIROU et DESQUERS, rue des Noyers, 37.

SITUATION RELIGIEUSE

DE L'ALGÉRIE.

I

La France a planté au mois de juillet 1830, sur le palais conquis des anciens maîtres d'Alger, son drapeau victorieux. Depuis cette époque, elle a régné sans interruption sur des terres jadis glorieuses et depuis trop longtemps désolées par la barbarie. Sa domination a rayonné et s'est propagée sur une étendue considérable du littoral; elle a pénétré jusque dans les profondeurs lointaines du continent. Ses armes triomphantes, après avoir réuni sous les mêmes lois la régence des deys, c'est-à-dire un pays grand comme un royaume de l'Europe et en vue de ses côtes, y ont ajouté une autre province presque aussi vaste, la riche et fertile province de Constantine. Malgré les négligences et les faiblesses du pouvoir, malgré le mauvais vouloir et les intrigues de l'étranger, malgré les maladies, malgré la guerre, malgré le climat, aucun échec n'a pu faire douter un instant le monde de l'avenir de notre conquête. La bouche officielle qui a dit : *l'Algérie est une terre française*, n'a fait que proclamer un fait reconnu déjà par l'assentiment universel.

Mais appeler l'Algérie une terre française, c'était dire évidemment qu'elle ne resterait pas un pays de pirates et de demi-sauvages, que peu à peu elle se policerait, qu'elle appartiendrait un jour à la civilisation chrétienne. Etait-il donc possible de songer à rattacher ce beau domaine au territoire national, sans y porter l'esprit de la société européenne et la propagation des idées modernes? Suffisait-il de montrer aux Arabes la supériorité militaire de nos baïonnettes sur leur cimeterre, de notre canon sur leurs fusils, de nos régiments disciplinés sur leurs troupes irrégulières, ou même la supériorité matérielle de notre agriculture, de notre industrie, de nos arts, de nos habitudes civiles, sur leur existence nomade de tribus campées sous la tente? Etait-il donc indifférent à notre honneur, à notre devoir, à nos intérêts, que les possessions nouvelles, annexées à ce royaume fier autrefois du nom de *très-chrétien*, et qui a dû à ce titre les longues sympathies de l'Orient, restassent fermées et murées, pour ainsi dire, à l'introduction et au retour du Christianisme? Ne fallait-il pas de bonne heure préparer le moment solennel où la colonie naissante viendrait s'abriter à l'ombre de la Croix, seul signe d'alliance et de fusion pour les enfants des races diverses qui affluent dans son sein, seul étendard capable de renverser ou, du moins, de dominer l'autorité et l'influence hostiles et séculaires du Croissant?

Eh bien, non! Pendant près de dix ans consacrés à tous les genres d'essais, tout fut admis, tenté, expérimenté en Algérie; tout, sauf la Religion.

La population civile, partie des provinces les plus croyantes de la France et des pays les plus catholiques de l'Europe, accourait en foule. Elle s'agglomérait et prenait chaque jour plus de développement, sans offrir assurément, par sa composition, les autres garanties les plus ordinaires de bonne conduite, de bonnes mœurs, et, par conséquent, de bons succès. Elle avait besoin plus que jamais du frein et de la consolation de la foi; mais, exposée au milieu de toutes les séductions du vice et des horreurs du désespoir, pendant dix ans elle ne posséda aucun de ces secours, si nécessaires à l'homme en toute circonstance, pour lui rappeler ses devoirs, en nourrissant son courage.

Pendant dix ans, nos soldats, décimés par la guerre et par des fléaux multipliés, moururent dans de malsaines garnisons, autour du bivac, sur les routes, sous le fer de l'ennemi, sans trouver nulle part la parole ni l'oreille d'un prêtre. Sous ce rapport, ils étaient aussi abandonnés dans les hôpitaux que sur les champs de bataille; et des officiers-généraux, succombant dans la victoire, invoquèrent en vain de leurs lèvres expirantes ces grâces de la vie spirituelle qui raniment et réjouissent l'âme en face de la mort.

Enfin, pendant ces dix années, les Arabes eux-mêmes s'étonnaient de l'impiété de leurs vainqueurs. Appelés au

combat par les prédicateurs du prophète, on les vit s'é-
lancer à la guerre sainte contre les Français infidèles,
avec d'autant plus de fureur que leur zèle religieux ne
voyait pas en nous des adorateurs d'un faux dieu, mais
une nation sans Dieu.

Telle était la situation de l'Algérie, avant la création
d'un siége épiscopal et la nomination à cet évêché de
Mgr Dupuch.

Je ne voudrais pas qu'on pût croire que j'exagère ; je
ne veux pas non plus passer sous silence le peu de bien
qui se faisait malgré tout. J'en appelle donc à une trop
éloquente statistique.

A cette époque il y avait :

1° A Alger, dans la capitale, une seule église, des-
servie par un excellent curé, mais dépourvue des objets
les plus indispensables à l'exercice du culte ; un établissement de Sœurs fort intéressant ; des Sœurs aussi à
l'hôpital civil ;

2° A Oran, une misérable chapelle et un pauvre
vieillard épuisé, qui succombait sous la charge ;

3° A Bone, une chapelle non moins misérable, un
prêtre zélé, mais sans ressources, et le commencement
d'une communauté de Sœurs.

Et c'était tout.

Clergé, institutions, œuvres, édifices, services religieux, tout est compris dans ce court tableau.

Voilà l'aspect désolé qui frappa les regards du nouvel
évêque quand il aborda, le 30 décembre 1838, sur ces
rivages confiés à son zèle, sans autre appui, sans autre
soutien que son bâton pastoral.

Sept ans après, le 31 décembre 1845, à l'heure même
où il avait pénétré, pour la première fois, dans ce palais
épiscopal qui cacha tant de souffrances intimes et tant
de larmes amères, le même évêque, après avoir envoyé
sa démission au souverain Pontife et au gouvernement,
signait un des trois mémoires où il a dévoilé les causes
de son désastre.

Que se passa-t-il donc dans l'intervalle ?

Quand Mgr Dupuch fut proposé pour le nouveau siége,
le nom du vénérable curé de Bordeaux avait acquis une
considération et une estime générales dans toute la France
catholique. Son zèle était béni, non-seulement dans le

diocèse auquel il appartenait, mais bien au delà. On citait, on admirait sa charité et les œuvres qui en étaient les fruits. Son ardeur apostolique, unie à sa piété naïve et tendre, l'annonçait d'avance comme un évêque missionnaire. L'homme de Dieu a disparu; il a quitté la position éminente où la Providence l'avait élevé; il a laissé son Eglise chérie, son Eglise, créée, développée, formée par ses mains; il l'a laissée veuve avant sa propre mort; il s'est jeté vivant dans une cellule de la Trappe!

Pourquoi?

Une responsabilité immense pesait sur lui, il avait une mission admirable à remplir. Il n'avait, il l'atteste et un peuple tout entier l'atteste avec lui, ni ambitionné, ni même soupçonné un tel honneur et un tel fardeau. Pour y échapper, il a réclamé, il a supplié, mais en vain. Il eût voulu demeurer dans sa ville natale, au milieu des fonctions les plus douces du ministère évangélique, entouré de ses orphelins, de ses Savoyards que sa sollicitude groupait à l'ombre de sa cure. On l'en a arraché, il lui a fallu obéir; il entrevoyait confusément les peines sans nombre et la triste issue de la redoutable expérience qu'il allait tenter.

Cette expérience, comment l'a-t-il subie? Au moment où il remet son diocèse à un successeur, qui peut-être sera moins éprouvé que lui, dans quel état le lui laisse-t-il?

Et puis, au moment où le pouvoir se décidait à faire quelque chose enfin pour les besoins religieux de l'Algérie, et lorsqu'il appelait dans sa conquête un évêque pour la consacrer et la bénir, le pouvoir, lui aussi, prit un grand engagement devant la France et devant Dieu. J'en appelle au souvenir de cette extrême reconnaissance, aux élans de satisfaction sans réserve qui accueillirent cet acte de politique et de justice. Cette réparation tardive et incomplète fut acceptée par tous les catholiques (je dois le dire, sans exception), par le pays et par la chrétienté, non pas seulement comme l'acquittement d'une dette ancienne, mais comme une faveur insigne qu'on n'avait presque plus le droit d'espérer, comme le symptôme infaillible d'un retour cordial et généreux à des principes auxquels sont attachées la grandeur et la dignité de notre pays, et les conditions de la place qu'il peut occuper à la tête des autres nations.

De quelle façon cet engagement a-t-il été tenu? Qu'en résulte-t-il pour le présent et pour l'avenir?

Ces choses, Mgr Dupuch a dû les méditer. C'était son devoir de les examiner sérieusement, attentivement, profondément. C'était son devoir pour lui-même et pour sa propre conscience; pour sa patrie et pour l'honneur d'un de ses enfants, citoyen et évêque; pour l'Eglise dont il fut un des pasteurs; pour son auguste chef, le Père commun, qui l'a appelé son frère; pour le corps tout entier de l'Episcopat, qui peut avoir à gémir, mais non à rougir des malheurs d'un de ses membres. Ce devoir a été accompli, au seuil même de Staouëli, sous l'impression des plus terribles et des plus consolantes pensées de la foi et de l'éternité.

Telle est l'origine des trois mémoires que je vais résumer. Ils sont écrits avec des larmes, et j'ose dire que, s'ils n'étaient pas décolorés par une froide et sèche analyse, ils en arracheraient à l'œil le plus hostile ou le plus indifférent. Mais ce n'est pas au cœur, c'est à la raison qu'ils adressent leur austère enseignement; et ce caractère est le seul que je tienne à leur conserver, si je puis.

II

J'ai dit ce que Mgr Dupuch trouva en Algérie, en prenant possession d'un diocèse dont l'étendue n'embrasserait guère moins des deux tiers de la France. On peut affirmer que le Christianisme y était encore comme non avenu.

Il importe de tenir compte des circonstances spéciales où il était jeté. Séparé par la mer de ses compatriotes et de ses amis, privé de ces secours, de ces conseils de tous les instants qu'il n'y aurait pas inutilement réclamés, placé au milieu d'un population d'indigènes, d'émigrants et de colons comme ceux qui pullulent dans nos possessions barbaresques; isolé dans une société d'affaires, de spéculation et d'agiotage; froissant nécessairement, par son influence morale, ou les jalousies de l'autorité civile, ou les prétentions du gouvernement militaire, il n'avait aucune aide morale à ses côtés, et les ressources matérielles ne lui manquaient pas moins.

Et cependant il s'agissait, non pas seulement d'administrer, de conserver, de maintenir; tout était à faire, tout à fonder, depuis la base jusqu'au sommet de l'édifice. Il s'agissait de créer le ministère évangélique, encore nul dans l'intérieur des villes comme au dehors; d'établir le culte, avec ses temples, ses ornements, son service régulier, dans tous les centres d'occupation; de subvenir aux exigences légitimes de toutes les portions les plus humbles d'un troupeau dispersé et chaque jour plus nombreux. On a voulu très-souvent arrêter la conquête par les armes; les armes ont toujours marché. Ce n'est pas la coutume de l'Evangile de rester en arrière. D'ailleurs, à côté de la population civile, plus ou moins stationnaire, joignez une armée de près de cent mille hommes, presque exclusivement catholique, livrée à toutes les privations, à toutes les tentations; disséminée dans les garnisons, dans les camps, dans les blockhaus; souffrant et se mourant dans les hôpitaux militaires, jouant sa vie tous les jours dans les expéditions, les courses et les combats. L'évêque d'Alger ne devait donc pas être seulement un pontife et un pasteur, mais le grand aumônier de nos braves. Et pasteur, aumônier militaire, ce n'est pas assez; il ne pouvait encore se dispenser d'être apôtre; car l'esprit de la foi ne se restreint pas à volonté dans le cercle de tel ou tel territoire, de telle ou telle race. La conversion des indigènes, juifs, musulmans, etc., devait être le vœu le plus précieux de son ambition, soit qu'il fixât ses yeux sur les terres de notre occupation, soit que sa pensée avide embrassât, au delà de nos frontières flottantes, les profondeurs du désert, où, dans l'intérêt national comme dans l'intérêt supérieur de la Religion, il semblait indispensable que la Croix précédât notre drapeau.

Voilà le champ; voyons le travail de l'ouvrier.

La première condition pour répondre à tant de devoirs, c'était une infatigable, une dévorante activité. L'histoire rendra au moins cet hommage au premier évêque d'Alger; ce qu'il a fait, lui seul peut-être pouvait le faire. Il fallait pour cela ses qualités et même ses défauts. Ici la prudence, la sagesse, la réserve eussent été stériles. Un dévouement qu'on appellera inconsidéré, aveugle, qui ne comptait ni ne calculait, a produit des fruits amers pour lui, mais abondants pour le pays et pour l'Eglise. Qui devra-t-on plaindre? qui oserait accuser? Le Vandale, parti de ces bords africains, disait en livrant ses voiles au vent : « Je ne sais quelle chose me pousse à brûler et à saccager Rome. » Le missionnaire français, envoyé par la ville éternelle, sentait aussi une impulsion supérieure, mystérieuse. Il y a obéi : c'est son honneur.

A peine arrivé dans son diocèse, il a soif de le connaître. Enfant perdu dans ces contrées nouvelles, il s'y lance, il les embrasse, il les pénètre de sa présence, de ses investigations, de son amour. Tout son épiscopat n'est qu'une course, un voyage, une marche à peine interrompue par quelques haltes. Ame de feu, cœur ouvert à toutes les inspirations, il les reçoit et il les rend avec la même ardeur.

Foi, patriotisme, beautés naturelles, arts, traditions, poésie du passé et de l'avenir, extases d'espérance, de charité, tout le remue, le séduit, l'entraîne. Il correspond à tous les genres d'enthousiasme, il ne sait pas assez les contenir ; c'est son seul tort, et quel tort en face des devoirs que lui impose sa mission !

Un jour il arrive à La Calle. Auprès est l'ancien bastion de France, dans les ruines duquel il retrouve une ancienne église encore subsistante. Il appelle à lui ses compagnons de voyage, des marins, des soldats ; il déblaye le sanctuaire et le chœur, entonne les Litanies de la Sainte-Vierge, célèbre la messe ; puis, montant sur la dune qui domine les flots de la mer, les forêts et les lacs de l'Afrique, il fait remarquer aux spahis qui l'environnent que ce fut là jadis la seule propriété de la France ; et les spahis, et les marins, et les soldats répètent, entraînés par la voix émue et triomphante du pacifique conquérant : « Et maintenant ! » Maintenant, en effet, c'est tout l'horizon !

Il passe, et, selon le modèle de son divin Maître, en faisant le bien. En 1839, à El-Arrouch, il baptise à côté d'une tente, sous des torrents de pluie, le premier-né du camp. Cinq ans après, en 1844, il a béni l'enceinte du village et posé la première pierre de l'église future. Le 11 août 1843, aux pieds des rochers du Zacchar, en avant de la redoute française, il offre le saint Sacrifice pour la mémoire des morts d'un autre temps. A Arzew, il voit des enfants de douze ans qui ne se souvenaient pas d'avoir jamais entendu la messe, des familles qui n'avaient participé depuis plus de cinq ans à aucune cérémonie religieuse. Il exhorte, il instruit ; il officie pontificalement dans une chambre ; il réhabilite quatre mariages ; il fait faire la première communion à un soldat malade. A Teniet-el-Haad, il dit la messe sur la grande place, au milieu des habitants et des soldats en armes. En route, au milieu d'un bois, il avait rencontré un soldat mourant ; il l'administre et le fait porter à l'hôpital, où le malade guérit.

Dans la vivacité de son attachement à sa jeune Eglise, il ne lui suffit pas d'adoucir ses misères, de satisfaire ses besoins, de préparer son avenir. Il est jaloux de lui conserver ses titres de famille, ses antiquités, sa gloire. S'il retrouve quelque vestige de son glorieux passé, quelle joie ! s'il la voit exposée à quelque perte nouvelle, quelle exclamation de douleur ! Je demande à reproduire ici quelques lignes de son Mémoire au souverain Pontife. Il parle des environs de Médéah.

« En avant des premières galeries, à la douéra du Bou-Roumi (ou du *père chrétien*), comme disent les Arabes de ces montagnes, sous des ombrages gracieux et dans les flancs profondément creusés du roc immense, existait une antique retraite ou ermitage que la tradition regardait comme ayant en effet servi de refuge à de pieux cénobites. Et, en témoignage, on voyait encore naguère au-dessus de l'ouverture, dans le vif du rocher, deux croix bien distinctes et taillées avec effort. Aussi, l'armée battant des mains, après un héroïque passage du Téniah qui le domine, avait-elle appelé ce plateau du vieux nom de sa croix ! En 1843 et le 8 août, j'y avais célébré les saints mystères en mémoire de ma première communion. En 1845 et au mois d'août aussi, j'y voulus repasser. Les beaux lauriers-rose, le figuier touffu, la vigne sauvage avaient été coupés, déracinés, et l'entrée de la grotte du chrétien bouchée ou à peu près par un énorme four à chaux à l'usage de l'exploitation de la mine... Et les croix déjà calcinées par les ardeurs béantes du four s'en allaient ou devaient bientôt s'en aller en poussière. »

Ailleurs, à Tipaza, il s'agenouille sur les sacrés débris d'un temple vénéré ; il dit la messe dans l'emplacement de ce forum où Arcadius et ses compagnons, martyrs, bravèrent et vainquirent l'hérésie par leur confession et par leur mort. Il répète l'éternel *Credo* de la foi catholique devant la croix du Tombeau de la Chrétienne. A Constantine encore, il sauve, avec une partie des remparts de la ville, les noms de ces autres confesseurs qui y restent inscrits depuis l'année 259. Bien plus zélé encore pour la gloire des pierres vivantes de l'édifice spirituel, il recherche, il retrouve, il ramène en triomphe les restes augustes des aïeux de son peuple; il rend à Hippone le bras de saint Augustin, et à sa voix sept évêques des Gaules, tenant sous l'inspiration protectrice de ce glorieux patron le plus récent de nos conciles, donnent à la naissante Eglise une joie que ses sœurs de l'autre côté de la mer ne connaissent plus depuis tant d'années !

Je pourrais multiplier ces récits à l'infini. Mais non ! Je ne veux pas louer l'homme; je n'ai voulu que le faire connaître.

Son imagination enflammée ne doutait pas de la réalisation subite, instantanée, des souhaits de son cœur. Etait-ce une chimère folle, une espérance absolument dénuée de tout motif raisonnable? Il y a des faits qui disent le contraire. Je n'en consignerai que quelques-uns pour montrer comment les trois grandes classes auxquelles il s'adressait accueillirent ses efforts.

On a écrit beaucoup de mal de la population civile de l'Algérie; on pourrait peut-être en écrire davantage; mais, au sein même des éléments les plus corrompus, que de germes souvent de régénération ! L'écume monte toujours à la surface : que d'autres la maudissent; l'évêque a jeté un regard plus profond dans ces âmes confiées à sa sollicitude, et, parfaitement impartial désormais dans un jugement qu'aucune considération humaine ne saurait influencer, il s'écrie avec solennité :

« Je déclare que plus j'ai réfléchi sur cette société naissante et plus je l'ai estimée dans mon esprit et chérie dans mon cœur. Depuis quelques années surtout, que de bonnes, que d'excellentes familles ne sont-elles pas venues nous joindre des meilleures contrées de l'Europe ! »

Et plus loin il ajoute :

« Je ne sais si c'est à cause de cette espèce d'exil, de leur éloignement d'une première patrie, ou bien à cause des incommensurables épreuves de celle-ci ou par la perpétuelle crainte de périlleuses maladies ; mais, en Algérie et dans l'armée, et parmi la population civile elle-même, il semble qu'il y ait bien plus besoin de foi, d'espérances, de consolations religieuses que partout ailleurs, au moment suprême surtout.

« Je ne doute pas un instant que, plus favorisé sous les rapports essentiellement colonisateurs et sociaux, moins maltraité, devrais-je dire plutôt, on n'eût obtenu d'éclatants succès avec ce même peuple ; et il en serait ainsi, supposé que le passé serve enfin d'utile enseignement à l'avenir. »

Les maladies, les misères, la mort sont souvent des auxiliaires puissants pour la Religion. En Afrique plus que partout, ces sombres, mais utiles conseillers, viennent réveiller les consciences. Au Fondouk, près de six cents Allemands catholiques s'étaient établis au mois de juin 1845 ; avant la fin de l'année deux cents étaient morts. Le registre des morts ensevelis par le curé d'Oran s'élevait à quinze mille en douze ans ! Les colons montrent les plus favorables dispositions ; ils font des offres ; ils veulent s'imposer des sacrifices ; souvent ils logent et ils payent le ministre ; ils donnent leur maison pour la transformer en un temple.

Ainsi a fait le maire d'El-Biar, près Alger. A Boujaréiah, un des principaux habitants fournit une grange qui devient un oratoire. Le maire de la Pointe-Pescade, un notaire à Hussein-Dey agissent de même. Les habitants de ces villages supplient qu'on leur permette de contribuer pour plus d'un tiers aux frais et aux travaux des églises qu'ils réclament. Même entraînement à Bone, au Fondouk, à Oran. Et encore l'élan est comprimé chaque jour par les intrigues d'une incroyable malveillance !

Les soldats, de leur côté, rivalisent avec la population civile. L'armée présente les exemples les plus touchants de ses sympathies religieuses et des sentiments de l'ordre le plus élevé.

La chapelle Sainte-Croix d'Alger est ornée de pieuses stations ; c'est un soldat du régiment des zouaves qui les a offertes. C'est à un général qui y commandait que Sétif doit sa jolie église. A tous les degrés de la hiérarchie on trouve des actes du même genre. Mgr Dupuch raconte ainsi sa dernière entrevue avec le 8ᵉ bataillon des chasseurs d'Orléans, si glorieux, hélas ! par sa destruction :

« En allant à Tlemcen établir le culte, selon l'expression consacrée par l'usage administratif, j'y reçus le plus touchant accueil. Sur ma route et aux pieds des collines que baigne la Migné, j'avais rencontré, prêt à partir pour de nouveaux combats, un bataillon de chasseurs d'Orléans à jamais célèbre désormais ; et sur les instances de son digne et héroïque commandant et de tous ses officiers. j'avais célébré sur la montagne, aux premiers feux d'un soleil d'été, ces mystères si doux et si formidables qui émeuvent toujours profondément en pareilles circonstances... Il y avait trois ans et plus que ces braves n'y avaient pu assister ; ils ne devaient plus y assister jamais !

« Car c'était le huitième bataillon avec son commandant Froment-Coste, son capitaine de Géreaux, son lieutenant Chappedelaine et leurs généreux compagnons. . Pressentirent-ils secrètement leur prochain et à jamais glorieux trépas ? ou bien en avais-je moi-même comme une mystérieuse inspiration ? Je ne sais ; mais tous étaient attendris jusqu'aux larmes au moment où, après quelques ardentes paroles versées de mon cœur, j'appelais sur eux, d'une voix profondément altérée, les bénédictions du Seigneur des armées Ils m'accompagnèrent au loin, et moi-même je ne pouvais m'arracher du milieu de cette poignée de héros que j'embrassais pour la dernière fois au nom de la Religion, de la patrie et de leurs familles. »

Qui ne sait les déchirants regrets du général de Caraman ? Joignons-y ces paroles, extraites d'une Adresse envoyée il y a trois ans au gouvernement par un des principaux corps de l'armée :

« Si l'Etat, si la patrie a droit de dire à ses braves enfants : Donnez-moi, dévouez-moi moi votre vie, et s'ils ne peuvent la lui refuser, s'ils la lui donnent avec transport, ils ont droit, à leur tour, de lui dire : Donnez-nous le pain du corps et de l'âme ; et elle ne peut le leur refuser davantage. »

Les plus indisciplinés ne sont pas toujours insensibles aux consolations religieuses. En 1844, l'évêque, à l'époque de Pâques, donna la sainte communion à huit cents détenus militaires.

Chose plus singulière encore ! les obstacles que l'évêque rencontra relativement à la conversion des indigènes ne vinrent pas d'eux. On conçoit dès lors à plus forte raison que, quant à l'appropriation d'un certain nombre de mosquées au culte catholique, ils ne réclamèrent pas. Bien au contraire, ils la virent parfois avec satisfaction. M. le maréchal Valée, dans une lettre qui lui fait le plus grand honneur, quoiqu'elle ne soit pas son seul titre à la reconnaissance des catholiques, l'assure en ces termes :

« Je me suis empressé, à mon retour de Médéah, de m'occuper de la nouvelle colonie de Blidah ; je l'ai trouvée en voie de prospérité ; elle sera bientôt, je l'espère, une seconde Philippeville.

« J'ai pensé, comme je le devais, à donner à ses habitants les moyens *généralement désirés* de pouvoir remplir les devoirs de leur religion, et j'ai affecté au culte catholique une mosquée, la plus belle de la ville. Cette mosquée, employée en ce moment comme magasin, a reçu sa nouvelle destination *à la grande satisfaction des indigènes.* Je donne des ordres pour que le minaret soit immédiatement surmonté d'une croix, qui, annonçant le règne de la Religion chrétienne, constatera, mieux que toute autre chose, l'occupation définitive.

« Vous aurez, Monseigneur, à désigner un ecclésiastique pour desservir cette nouvelle église et à pourvoir aux objets nécessaires à l'exercice du culte. »

A Constantine, les Arabes eux-mêmes firent don à l'église d'une magnifique chaire d'où descend aujourd'hui, grâce à cette générosité, la parole du ministre chrétien. On a beaucoup invoqué leur fanatisme contre nos prêtres, afin de le conserver : jamais ceux-ci, qui seuls peuvent le détruire, ne se sont plaints de ses excès.

Il faut voir d'ailleurs quels fruits la charité particulière, la charité libre a produits sur cette terre féconde. A l'appel du prélat, les ordres d'hommes et de femmes s'ébranlent; les œuvres naissent et se multiplient : les bienfaits d'une foi divine éclosent partout avec la même abondance.

Nous dirons un peu plus loin qu'il y a des Jésuites à Alger, et tout ce qu'ils y font.

Les Lazaristes y remplissent aussi une place importante. Sans eux, on ne verrait pas, dans tout le diocèse, les premiers germes d'un séminaire. Ils ont, de plus, la direction des Sœurs de Saint-Vincent-de-Paul et des enfants qu'elles élèvent, c'est-à-dire de près de cinq cents jeunes filles.

A Staouëli est cette précieuse fondation de Trappistes, où tant de magnifiques travaux ont déjà été exécutés. Le nombre de ces religieux est de soixante, et reste au complet, grâce à d'incessantes recrues. Un quart néanmoins a, dès à présent, payé à la mort la dette de leurs peines, de leurs fatigues et de leurs conquêtes sur la nature et sur les âmes.

Trente Sœurs de Saint-Vincent-de-Paul sont établies à Alger. Chargées des hôpitaux civils, d'un dépôt d'ouvriers et de colons, des écoles gratuites, elles ont fondé encore une maison de secours et de pansement, et elles coopèrent à des distributions copieuses d'aumônes et de pain. Elles ont deux couvents dans la ville, et un troisième à Mustapha, consacré à des orphelines.

Alger possède de plus une œuvre d'enfants exposés ou trouvés ; trois cents dames de charité ; des associations excellentes, comme celle de Saint-Vincent-de-Paul, pour le soulagement des pauvres ; de Saint-François-Régis, pour la réhabilitation des mariages ; la société de Saint-Augustin ; celle des maîtres et des ouvriers, pour leur appui réciproque ; une association pour la conversion des pécheurs ; des catéchismes de persévérance, etc.

A Mustapha, à côté des Sœurs de Saint-Vincent-de-Paul, une communauté de Dames du Sacré-Cœur est en pleine prospérité. Elles ont un pensionnat, un externat nombreux et gratuit, et un ouvroir.

Un ancien curé y tient une école chrétienne.

A El-Biar, on est parvenu à fonder et à maintenir, non sans peine, un refuge du Bon-Pasteur et une institution de jeunes orphelines.

A Tenez, on trouve deux Ursulines ; à Bone, les Sœurs de la Doctrine chrétienne et des Frères de Saint-Joseph ; à Constantine, comme à Bone ; à Oran, l'établissement religieux le plus remarquable de toute l'Algérie chrétienne, celui des sœurs Trinitaires. Tout y est réuni : pensionnat, demi-pensionnat, écoles primaires de divers degrés, écoles gratuites, salles d'asile, soins des pauvres et des malades, hospices de femmes infirmes, orphelines recueillies, etc.

Il n'a tenu ni au pasteur ni aux fidèles qu'il n'y eût encore des Frères à Alger et dans toutes les provinces, un collége ou une institution secondaire à Oran, etc. ; mais le concours de l'administration, duquel les autres institutions se sont passées, eût été nécessaire.

N'anticipons pas. Nous serions heureux si nous n'avions à reprocher à l'administration que son indifférence pour des choses qu'elle regardait comme surérogatoires. Je dois maintenant examiner ce qui regarde la constitution même du diocèce, qui n'existait pas avant Mgr Dupuch, et qu'il ne pouvait organiser qu'avec une large coopération de l'Etat.

III

Mgr Dupuch laisse derrière lui quatre-vingt-onze prêtres, soixante églises, chapelles ou oratoires, pourvus des objets les plus indispensables à leur sainte destination; seize établissements religieux, sans compter de nouveau près de cent quarante Sœurs de différents ordres, un chapitre, des Frères, un séminaire, d'excellentes maisons d'éducation, des œuvres pour les orphelins, pour les orphelines, pour les pauvres; des refuges, de saintes associations, des sociétés de charité, notamment celles de Saint-Vincent-de-Paul et de Saint-François-Régis. Je vais donner tout à l'heure de plus complets détails. Mais ce simple coup d'œil dit assez que ce n'est ici ni le courage, ni l'ardeur, ni la persévérance, qui ont manqué à Mgr Dupuch.

On serait tenté de se réjouir à la vue de tels résultats; on applaudirait volontiers; on se dit que l'évêque a obtenu un succès qu'il n'était pas permis d'espérer. Quand on sait ensuite à quel prix il a dû payer chacun de ses bienfaits, on trouve que ce succès tient du prodige. Mais l'évêque ne voit pas le bien qu'il a fait; il voit celui qui reste à faire. Et c'est alors que le tableau devient aussi affligeant qu'il paraissait glorieux.

Tâchons de faire impartialement la part des ombres et de la lumière.

L'organisation supérieure du diocèse, quoique incomplète, est satisfaisante, comparativement au reste.

Le diocèse se divise en trois provinces ecclésiastiques, savoir : 1° Alger, 2° Constantine et Bone, 3° Oran et Tlemcen. Il a été nécessaire de former une quatrième subdivision avec une partie de la province d'Alger et celle de Titterie. Les trois divisions et la subdivision ont chacune à leur tête un vicaire-général.

Un cinquième-vicaire général a été plus spécialement chargé du service des hôpitaux militaires, des colonnes expéditionnaires, en un mot, des troupes.

La cathédrale possède un chapitre qui, malheureusement, ne compte que six chanoines, parmi lesquels sont pris trois des vicaires-généraux de l'évêché.

Déjà se fait sentir le manque d'un personnel assez considérable, et la parcimonie du budget à l'égard du clergé d'Afrique. Deux des vicaires-généraux sont seuls reconnus à ce titre ; deux reçoivent une indemnité, indépendamment de leur traitement comme membres du chapitre. Le cinquième ne reçoit aucun subside particulier : il est à la charge de l'évêque, comme le secrétaire même de l'évêché.

Avant de faire l'examen du personnel et du matériel des diverses provinces, qu'il me soit permis de consigner deux traits généraux. Ils se rapportent à l'un et à l'autre de ces chapitres, et ils sont significatifs.

Le gouvernement n'a pas reconnu une seule cure dans toute l'Algérie ; il n'a fondé que des succursales. Voilà le premier.

Voici le second.

Dans un pays où pas une une église n'était debout, il n'en a pas construit une seule dans les villes ; il en a bâti quatre dans des villages, par grande faveur.

La première est celle de Delhy-Ibrahim, qui possède un hôpital civil de cent lits ; la seconde, celle de Drariah, dont la première pierre fut posée en 1842, par sept évêques réunis, au retour d'une mémorable cérémonie et d'un concile ; la troisième, celle de Byrkadem, dédiée à sainte Philomène ; la quatrième, celle de Douéra, Saint-Antoine-de-Douéra, chapelle longue de douze mètres, avec un seul prêtre pour quinze cents habitants civils, un établissement militaire, un beau camp, un double hôpital, et quatre ou cinq villages qui en dépendent.

Il est temps de dire quel est partout, par suite de l'insuffisance des fonds, le défaut d'ouvriers évagéliques.

A Alger même, la paroisse de Saint-Philippe, ou de Notre-Dame-des-Victoires, embrasse toute la ville et les faubourgs. Elle compte environ quarante mille âmes. De la diversité des populations qui la composent résulte la nécessité de diversifier les instructions, les catéchismes. Dans l'année 1844, il y a été célébré deux cent soixante-cinq mariages, plus de onze cents baptêmes, cinq cent cinquante et un enterrements. La cure est dite réunie au chapitre. Trois vicaires seulement y sont entretenus. La fabrique, très-pauvre bien entendu, est obligée d'en payer un quatrième.

Trois mois à peine avant l'expiration de l'année 1845, un aumônier a pu être attaché à l'hôpital civil. Mais antérieurement l'évêque avait obtenu quatre prêtres auxiliaires ; il en réclamait huit, nombre rigoureusement indispensable. On en a retranché un, il n'en a conservé que trois.

Heureusement que le clergé officiel est aidé par le dévouement de quelques volontaires zélés, tels que les Lazaristes, un prêtre assyrien de Damas, un religieux Trinitaire, le secrétaire de l'évêque, et cinq de ces prêtres persécutés qui répondent toujours aux vexations et aux injures par de nouveaux services.

« Sans leur assistance, dit Mgr Dupuch dans son mémoire au Saint-Père, il eût été dès longtemps, et de plus en plus il serait impossible de desservir la Casbah, l'hôpital militaire de la Salpêtrière, les ateliers des condamnés, le pénitencier, les prisons civiles et militaires, et de suffire au service organisé à bord des bâtiments de la marine royale, aux convois des paquebots chargés du transport des malades et à une foule d'œuvres excellentes et particulières telles que celle de saint François-Régis, par exemple. Ils ont une chapelle au cœur de la ville et attenante à leur bel établissement, complétement fondé en dehors de l'administration et sans qu'il lui ait coûté aucune dépense. Cette chapelle est dédiée à saint François-Xavier. Rien de plus utile que l'institution de ces excellents ouvriers, sur le compte desquels le Pape est au surplus suffisamment informé. »

J'aurai plus tard à reparler du séminaire, pour lequel le gouvernement alloue une somme de trois mille francs et un local capable de contenir au plus *neuf* élèves.

Il en est de la province d'Alger comme de la ville.

Blidah a, dans sa circonscription, cinq ou six mille habitants catholiques, et de plus, une garnison considérable, un hôpital militaire de trois cents lits, un hôpital civil de cent cinquante, un tribunal de première instance, une sous-direction. Cinq villages en relèvent. Blidah aurait besoin d'un curé et de deux vicaires. Il y a un desservant à 1200 francs.

Dans la subdivision de Titterie, le curé de Médéah, chargé de cette ville, capitale d'une province militaire, de sa garnison et de son hôpital, visite Boghar, qui en est à vingt lieues. Celui de Milianah fait plus ; il est obligé d'aller à vingt-cinq lieues, jusqu'à Teniet-el-Haad, qui renferme beaucoup de soldats, un bel hôpital et un commencement intéressant de colonie civile. Le village de Mouzaya, où sont rassemblés près de deux cents mineurs, n'a ni desservant, ni aumônier pour son hôpital.

A Cherchell, à Bougie, la situation est meilleure ; mais Orléansville, Tenez, etc., tout cela est abandonné. On a refusé un titre de desservant à Tenez, ville qui a quinze cents habitants civils, un hôpital, une garnison considérable. A côté de la ville nouvelle est la vieille Tenez, la ville musulmane. L'évêque l'avait visitée en 1844. Conduit par le kaïd, à travers les rues balayées, il était entré dans la mosquée des Arabes, et, le lendemain, il avait été réduit à célébrer les mystères divins sur la place d'armes, bénissant les mariages, baptisant les enfants. De deux prêtres qu'il avait avec lui, il en laissa un à ce poste délaissé, lui donnant pour premier temple sa tente de voyage. Les habitants lui bâtirent bientôt en bois une église décente. Mais le budget n'alloue encore à Tenez, pour l'entretien du culte, le presbytère et le curé lui-même, que 500 francs! Dellys n'a pas non plus de desservant reconnu ; celui qui en est chargé ne reçoit rien du gouvernement.

La province de Constantine n'attriste pas autant les regards. Et cependant, à Dgigelly, sur une rade périlleuse si souvent inabordable, loin de toute communication, il n'y a qu'un prêtre solitaire. C'est sous un autre rapport que Bone devra exciter notre douleur.

Je ne m'arrêterai pas à d'autres points de cette province, non plus qu'à celle d'Oran. Dans cette ville, un curé et deux vicaires ne suffisent pas, même avec l'aide d'un prêtre auxiliaire, non subventionné par l'Etat. Tout autour naissent et commencent à fleurir des villages, des hameaux. Ils ne jouissent d'aucun secours spirituel. Il faudrait aussi un vicaire à Mascara.

Mais cette énumération est assez longue. J'observe seulement que, si tant de vides existent partout, ce n'est pas le dévouement des hommes qui fait défaut ; ce sont uniquement les ressources nécessaires à leur existence.

C'est la même chose sous le point de vue du matériel. L'exercice de la Religion n'exige pas seulement des ministres, mais aussi des temples, des ornements, des vases sacrés. Voilà près de cinquante ans que la France, riche encore de précieux débris, répare péniblement les pertes que lui a fait éprouver la tempête révolutionnaire. Encore aujourd'hui on se plaint du dénûment de notre culte sur le territoire continental. En Algérie, il n'y avait rien, rien absolument. Qu'y a-t-il en ce moment?

Je dirai, pour faire la part qui revient à l'Etat dans ce tableau, ce qu'il avait à faire, ce qu'il n'a pas fait; mais, enfin, qu'a-t-on obtenu, soit de lui, soit des particuliers?

A Alger, on travaille encore à la cathédrale, et, en attendant, le culte ne dispose que de la petite église de Notre-Dame-des-Victoires, de la chapelle Bab-Azoun, de la chapelle Sainte-Croix, de deux oratoires au consulat d'Espagne et à l'évêché, de la chapelle Saint-François-Xavier aux Jésuites.

A Mustapha, où il n'y a pas d'église, le culte est célébré dans la galerie supérieure d'un puits à roues. Cette galerie est adossée à un bâtiment qui a servi d'hôtellerie et depuis, de boucherie. Une salle de bal, une maison mal habitée en sont à peine séparées. L'évêque eût interdit ce local s'il avait su comment le remplacer.

Sainte-Amélie, où il y a un titre de desservant, a pour temple une salle dans une habitation, et deux cabinets pour presbytère.

A Koléah, le presbytère n'est qu'une ruine, et un corridor en fait la chapelle.

A Bouffarik, on a pris une humble chapelle en pierres pour loger le commissariat civil. On a donné à la place une misérable hutte en planches pourries; les reptiles et les animaux entrent dans le sanctuaire.

Dans la subdivision de Titterie, Mouzaïa manque de chapelle. Delly en est également privé, comme bien d'autres villages.

Dans la division de Constantine, qui croirait que Philippeville, cité toute française, toute chrétienne, n'a pas d'église? L'administration y a fait bâtir une mosquée. Pas un musulman n'y est né.

A Bone, qui réclame sans cesse, rien qu'une chapelle indigne de ce nom.

Dans la troisième division, Oran était sans église jusqu'en 1845. Tous les environs en sont également dénués.

A Mers-el-Kébir, un magasin sert de temple; à Arzew, on a promis une baraque, ailleurs, une caserne; à Mazagran, on dit la messe sous un figuier.

Je passe *le* reste de ces scandales. Il faut bien que j'arrive à en signaler la source. La vue de tant de lacunes, le désir de les combler, la nécessité de conserver les fondations existantes, l'impossibilité de les détruire, le besoin de les augmenter, voilà ce qui a amené secondairement la ruine de M. l'évêque d'Alger. Il est temps de remonter à leur cause principale.

Ah! ceux qui l'accusent d'avoir voulu trop faire ne savent pas combien davantage il craint de n'avoir pas fait assez. Une seule en effet des trois fonctions qui lui étaient imposées a pu être remplie par lui, et encore insuffisamment à ses yeux. Mais qu'on lise ses Rapports et ses Mémoires; on y verra qu'il ne dépendit pas de lui d'exercer également les deux autres.

Je veux parler de l'armée et des indigènes. Mais ceci regarde un autre chapitre, celui de la négligence, de l'hostilité, des mauvais vouloirs qui se sont élevés devant lui comme d'insurmontables obstacles, et contre lesquels un caractère semblable au sien ne pouvait ni cesser de se heurter, ni, à force de s'y heurter, manquer de s'y briser.

IV.

Personne n'ignore que c'est la situation affreuse où s'est trouvé M. l'évêque d'Alger, le triste état de ses affaires au point de vue financier, qui ont déterminé sa démission. Il suffit de se rappeler l'évêque tel qu'il s'est toujours montré, avec sa vivacité et son audace apostolique, avec la charge immense dont il portait la responsabilité, pour comprendre qu'il en dût être écrasé un jour ou un autre, à moins que l'appui ne fût proportionné au poids qu'il avait accepté. Il est vrai qu'il avait droit de compter sur cet appui. Au lieu de cela, le gouvernement central, après l'avoir placé sur la pente qui conduisait à l'abîme, l'y laissa impitoyablement glisser. L'administration locale, non contente d'entraver toutes les œuvres que la victime semait encore sur ses pas en suivant sa voie funeste, l'y poussa de toutes ses forces. Les embarras d'argent ne vinrent eux-mêmes que par suite des embarras que l'administration lui suscitait d'une main, en le privant de l'autre des ressources nécessaires à sa mission.

Qu'il me soit permis de faire remarquer d'abord la proportion vraiment phénoménale dans laquelle l'Etat a secouru cette naissante église d'Afrique, si nue, si pauvre, et comment une nation comme la nôtre, ayant entrepris la tâche de fonder une chrétienté nouvelle, l'a secourue et réchauffée à son berceau.

Je consulte les documents officiels pour cette année. N'oublions pas que les besoins étaient d'autant plus impérieux qu'on remonte davantage vers l'époque du premier établissement.

Le budget total de l'Algérie est de 129 millions (j'y comprends les crédits supplémentaires et complémentaires). Il est impossible d'ailleurs de relever d'une manière précise et de reporter à leurs destinations spéciales une foule de dépenses relatives à notre colonie. Elles se perdent dans la masse des frais généraux employés au service du pays.

Je me borne donc aux chapitres particuliers réservés dans le budget de la guerre à nos possessions sur les côtes barbaresques.

Les articles 1 et 2, concernant le gouvernement et l'administration générale, titres sous lesquels on ne classe absolument que l'état-major de la colonie, donnent les chiffres suivants :

Le 1er, 214,000 francs.
Le 2e, 282,000 —
____
Total. . . . 496,000 francs.

L'article 3 est consacré au commandement et à l'administration des populations arabes. La direction et les bureaux des affaires arabes reçoivent 260,000 francs.

On donne aux chefs et agents indigènes chargés du commandement et de l'administration des tribus, 450,000 francs ; plus, en frais d'investiture, 50,000 fr., ce qui fait 500,000 fr. ; plus, comme solde de cavaliers (*khiela*) et de fantassins (*askar*), 300,000 fr. ; en tout, 800,000 fr.

On distribue aux Arabes en secours temporaires 50,000 fr., en secours de voyages, notamment pour ceux qui sont autorisés à faire le pèlerinage de la Mecque, 50,000 francs ; total des secours, 100,000 francs ; 100,000 fr. sont aussi absorbés par les dépenses des prisonniers détenus en France.

L'article 4 attribue au corps des interprètes de l'armée 215,000 fr.

Et l'article 5, au service télégraphique, 200,000 fr.

En résumé, pour la direction supérieure seulement de la colonie, 2,178,000 fr.

Un second chapitre (29e du budget de la guerre), celui du *service militaire indigène en Algérie,* fournit une somme de 7,415,000 fr.

Le chapitre 30e du budget de la guerre, 3e de l'Algérie, est attribué au service maritime, et les dépenses s'y élèvent (non comprises, bien entendu, toutes celles qui retombent à la charge du budget de la marine), seulement pour le service intérieur des ports et la surveillance des côtes, à 622,000 fr.

Je reviendrai plus tard au chapitre 31e, des *Services civils.*

Le chapitre 32e, ayant pour titre *Colonisation en Algérie,* réclame pour le traitement des fonctionnaires et agents attachés au service de la colonisation, ainsi que pour les travaux, établissements de voies de communication et défrichements, ou bien pour subventions, frais d'émigrations, etc., 1,500,000 fr.

Le chapitre 33e, des *Travaux civils,* s'élève à 6,878,000 fr.

Et le chapitre 34e, des *Dépenses secrètes,* à 350,000 fr.

Je retourne maintenant au chapitre 31e, des *Services civils,* à la colonne duquel ne se trouve pas la plus forte somme et dont les objets sont cependant tous ceux qui constituent un peuple civilisé.

Ce n'est pas assez que l'on ait confondu dans ce même chapitre, en les divisant seulement par articles : 1° *la Justice;* 2° *l'Intérieur;* 3° *la Commission scientifique;* 4° *les Finances;* 5° *les Indemnités* pour expropriations antérieures à 1845. C'est au milieu d'un de ces articles, sous le titre *Intérieur,* qu'on retrouve, perdue au milieu des indications relatives *à l'Administration,* à la *Police générale, aux Prisons civiles, à l'Instruction publique, à l'Imprimerie, à l'Agriculture, au Commerce et à l'Industrie,* la subdivision des *Cultes,* dont le personnel du *Culte catholique* n'a encore que la part relativement la plus modique.

Cette part, en effet, qui est de 15,000 fr. pour les Israélites, de 25,000 fr. pour les protestants, de 50,000 fr. pour les musulmans, n'est que de 150,000 fr. pour les catholiques, infiniment plus nombreux que les autres, dans la population civile et militaire, et dont les besoins spirituels, beaucoup plus multipliés, exigeraient aussi beaucoup plus de ministres.

150,000 fr. sur un budget de près de 130 millions!

L'évêque lui-même ne reçoit annuellement, soit pour traitement, frais de bureaux, de représentation et d'hospitalité, soit pour frais de tournées, de voyages, de visites pastorales, que 15,000 francs.

Dans le même chapitre qui alloue 150,000 francs au culte catholique, le traitement seul des directeurs, sous-directeurs et commissaires civils s'élève à 353,200 fr.; le traitement de la Cour royale et des tribunaux, à 440,000 fr.; le personnel des domaines, à 403,000 fr.; le personnel du collége d'Alger, à 50,000 francs, ce qui, avec celui de quelques écoles secondaires et primaires et de quelques cours publics, absorbe un total à peu près égal à la parcimonieuse aumône jetée au ministère évangélique.

Je ne veux pas appliquer la même comparaison aux objets relatés dans les autres chapitres. Je ne me plains pas d'ailleurs qu'ils soient trop généreusement dotés; mais je dis que leur chiffre rend le parallèle insupportable. En présence des 150,000 francs accordés à la parole et au culte de l'Eglise, qu'il me suffise de mettre l'allocation de 215,000 francs jugée, avec raison, je crois, nécessaire au corps des interprètes de l'armée.

Ici vient se placer, d'ailleurs, une observation d'une autre nature. Je ne la consigne que pour mémoire.

En Algérie, les dépenses sur tous les points augmentent chaque année avec les intérêts qui s'y créent et s'y multiplient, avec les progrès du commerce, de la colonisation, de l'administration de l'armée. Tandis que cet accroissement marque chacune des pages et chacun des tableaux du budget algérien, la misérable indemnité destinée à la Religion reste seule stationnaire.

Ainsi, la loi de finances et plusieurs autres projets votés en 1845, ne s'élevaient, en ce qui concerne l'Algérie, qu'a une somme de 73,030,427 francs, tandis qu'ils s'élèvent pour 1847 à 75,992,211 francs ; différence en plus, 2,901,784 francs.

Une des causes principales de cette augmentation, dit la note préliminaire qui sert de préface au budget de la guerre, est l'activité toujours croissante des affaires civiles en Algérie et le besoin d'y consolider notre domination en imprimant à la colonisation l'impulsion, chaque jour plus rapide, qu'elle réclame au nom de tant d'intérêts divers.

Un peu plus loin, la *Note* ajoute quelques détails :

« En même temps que l'administration civile et l'autorité militaire étendent leur domaine en Algérie, et que, sous cette double protection, les étrangers affluent dans la colonie des différentes parties de l'Europe, les travaux des agents du gouvernement, appelés à porter sur tous les points leurs sollicitudes, à assurer l'exécution de tous les services, deviennent plus importants et plus nombreux. La direction des affaires de l'Algérie, chargée de centraliser ces travaux au ministère de la guerre, voit s'élargir chaque jour le cercle de ses attributions, et telle est la gravité des intérêts dont le soin lui est confié, telle est la multiplicité des questions soumises à son examen et des détails qu'il lui faut embrasser, que le personnel dont elle dispose est devenu tout à fait insuffisant. Si l'on considère que cette direction réunit, en ce qui concerne l'Afrique, les services répartis, pour la métropole, entre la presque totalité des départements ministériels, et que beaucoup d'institutions restent à créer ou à réglementer dans ce pays encore nouveau sous tant de rapports, on comprendra la nécessité de lui donner des moyens d'action qui répondent à la nature de sa mission et sans lesquels sa tâche demeurerait imparfaite ; les plus graves inconvénients résulteraient, en effet, pour la marche des affaires civiles et administratives, en général, du strict maintien de son organisation actuelle, et l'on ne craint pas d'affirmer que le succès des efforts du gouvernement, au point de vue surtout de la colonisation, pourrait en être compromis. »

Pour prévenir ce danger, il a été reconnu indispensable d'ajouter deux nouveaux bureaux aux trois dont se compose aujourd'hui la direction des affaires de l'Algérie, et d'élever à quatre-vingt-sept le nombre des chefs et commis de cette partie de l'administration centrale.

De plus, dans le cours de l'année 1845, on classa parmi les places de guerre les villes ou les postes d'Orléansville, Teniet-el-Haad, Tiaret, Saïda, Lalla-Maghrenia, Sebadou, Daya et Djemma-Gazaouat. En conséquence, il a été créé huit emplois nouveaux de commandants de place, absorbant en tout une somme de 34,280 francs. Les dépenses augmentent encore, pour citer seulement quelques exemples, relativement au cadre de l'état-major particulier du génie, de 113,420 fr.; quant au bureau des affaires arabes, de 60,000 francs; quant au corps des interprètes, de 65,000 fr.; quant au traitement des agents secondaires de la justice, de 55,000 fr.; quant au personnel des ponts et chaussées et aux services des mines, de 153,000 francs.

Je le répète, je suis bien loin de nier que ces allocations ne soient parfaitement justifiées, bien au contraire; mais je dis qu'en présence de cette sollicitude active et de cette large générosité, la parcimonie du budget, qui pèse exclusivement sur les intérêts religieux et moraux, n'est pas compréhensible; ou plutôt elle ne s'explique que par un système déplorable de contrainte et d'opposition contre l'influence catholique.

Certes, si le gouvernement avait proposé aux Chambres un vote plus convenable et plus libéral, des assemblées françaises ne l'auraient pas refusé. Mais le gouvernement lui-même était à la remorque de l'administration locale, dont tous les actes sont inspirés par la déplorable hostilité contre laquelle l'évêque démissionnaire a dû enfin protester en public. On peut dire qu'il n'a pas fait un mouvement sans être contrarié par elle et traité en ennemi public. Ici malheureusement les preuves abondent, et le choix seul est difficile.

V

Je reporte un rapide coup d'œil dans les différentes sphères où s'est exercé le rôle actif et créateur du premier évêque d'Alger. Il n'en est pas une où, à côté de la trace bénie de sa main pastorale, je ne trouve l'empreinte et le sceau de la puissance occulte qui s'attache à elle pour en empêcher ou pour en anéantir les bienfaits.

On a vu qu'il n'y a pas une seule cure reconnue en Algérie, et que l'administration refuse un titre de desservant à des centres considérables et populeux.

On sait aussi quelle est l'insuffisance du budget du culte

catholique en Algérie; mais au moins, les allocations devraient être payées à jour fixe. Les créanciers n'attendent pas, en Algérie moins qu'ailleurs. Le taux de l'emprunt est énorme, usuraire. L'intérêt se compte par mois, par semaine. Cependant, les allocations relatives au culte ne furent jamais rendues exactement à leur destination. Quelquefois, elles n'y parvinrent pas du tout. En janvier 1846, les sommes échues en 1845 étaient encore en retard. Auparavant, l'administration proposait de réduire du tiers le traitement des ecclésiastiques, obligés de desservir à la fois une paroisse et un hôpital. Elle a bien réellement réduit de 1000 fr. à 600 fr. une pitoyable indemnité accordée à l'évêque pour ses frais de voyage; elle a encore réduit d'autres subsides, et forcé ceux à qui ils étaient accordés de rembourser ce qu'ils ont reçu antérieurement. Elle diminue le nombre des prêtres auxiliaires à Alger. Enfin la négligence est pire pour tout ce qui tient au matériel. 80,000 francs ont été officiellement attribués à l'église de Philippeville en cinq ans; au bout de ce temps, elle n'était pas commencée.

En 1842, on laissait tomber la basilique de Saint-Charles, présent du maréchal Valée, et la même année, plus de 100,000 fr. du budget ecclésiastique étaient détournés de leur objet religieux.

Quand les travaux se font, ils se font mal. Les intéressés, le clergé, l'évêque, ne sont pas consultés; de là vient que les édifices ne sont appropriés ni aux besoins des fidèles, ni aux exigences du ministère, ni à l'esprit de l'art chrétien. Ainsi a été gâtée l'église de Constantine, ainsi l'édifice que l'on destine pour cathédrale à Alger. Celui-ci aura coûté excessivement cher, pour n'être ni suffisant ni commode. Rien n'eût été plus facile, au contraire, que de prendre possession de la belle mosquée de la Pêcherie, que le muphti aurait cédée volontiers. L'évêque avait demandé à se charger de la négociation; il y tenait d'autant plus que ce temple est d'origine et de construction catholiques, bâti en forme de croix latine par un architecte captif, qui paya de sa tête le témoignage encore vivant de son immortelle espérance.

Les choses vont plus vite quand il ne s'agit pas de la religion professée par la majorité des Français. Je ne prétends pas récriminer contre des faveurs accordées à d'autres. En Algérie, comme partout, liberté des cultes. Mais je me demande si cette liberté est égale pour le nôtre comme pour ses rivaux. Protection égale aussi, et j'avoue qu'il m'est plus difficile encore de retrouver là une semblable égalité.

Tandis que les habitants de Philippeville, colonie exclusivement catholique, attendent les plans de leur église, l'administration y a bâti une mosquée pour des Musulmans qui n'y sont pas. Elle a bâti trois autres mosquées, ce qui en fait quatre sur différents points ; en tout, autant que d'églises dans les villages. Il est vrai que les catholiques souffrent de cette privation. Quant aux Arabes, comme à Birkadem, ils regardent les pierres des chrétiens avec un profond mépris, et de ces constructions profanées ils font une écurie pour les chevaux des serviteurs du prophète.

Je ne peux pas m'empêcher d'admirer ces Arabes.

Lorsqu'on daigna livrer à l'évêque l'église de Delhy-Ibrahim, on crut le moment favorable pour lui soumettre une proposition. Il ne s'agissait de rien moins que de partager avec les protestants tous les édifices religieux, et d'y vivre, toutes les sectes en commun avec l'Eglise. Ce n'était pas une idée en l'air, mais une mesure réfléchie, un acte considéré comme très-politique.

Dans ce village de Delhy-Ibrahim est établi un oratoire protestant avec un pasteur, dont le traitement fut fixé à un chiffre plus élevé que celui du desservant. Comme l'évêque demandait au moins l'égalité, on lui répondit qu'il oubliait que le pasteur protestant avait une famille.

Ce même pasteur, peu satisfait de son oratoire, a obtenu un magnifique temple à Douéra, au milieu du Sahel. C'est de là qu'il visite les environs. Heureux les catholiques quand ce ministre trouve des oratoires comme à Delhy. Partout ailleurs la salle de l'école lui sert de prêche. L'administration n'a pas même accordé à l'évêque la seule précaution qu'il réclamait, à savoir que la chaire protestante ne restât pas en permanence dans le lieu où se réunissent les enfants de toutes les religions.

C'est la même administration qui, donnant à Alger le plus beau temple de la ville aux réformés, a rejeté les offres des habitants d'Oran, de Boujaréiah, de la Pointe-

Pescade, de Bone, surtout, qui montraient tant de zèle et de charité. C'est elle qui, repoussant de Bouffarik le Saint des saints comme un étranger, y installait dès l'abord une maison de prostitution.

C'est elle qui s'opposait au contraire à l'établissement du refuge d'El-Biar pour les jeunes filles exposées et les femmes repenties ; qui tourmentait l'institution des orphelins, abandonnait l'hôpital de La Calle, desservi par quinze frères de Saint-Jean-de-Dieu, et adossait au mur mitoyen des Sœurs trinitaires d'Oran son dégoûtant dispensaire.

C'est elle qui laisse tous les cimetières dans un état scandaleux pour la foi et pour l'honneur du pays ; qui refuse à l'évêque la permission de rendre les hommages, dus à la mort, aux ossements arrachés du cimetière des Consuls à Alger.

C'est elle qui a empêché l'organisation régulière de la fabrique de Saint-Philippe, dans la métropole. L'évêque, cette fois, il faut le dire, a eu le tort de ne pas procéder d'autorité.

C'est elle qui enferma le séminaire diocésain, restreint à une subvention de 3,000 fr. et à un personnel de douze personnes, maîtres et élèves, dans un humide bâtiment, tout au plus assez vaste pour les loger, sans cour, sans jardin, sans air. Pourtant, s'écrie Mgr Dupuch, où un séminaire était-il plus nécessaire qu'à Alger ? Sa correspondance fut toujours pleine de réclamations ; mais, à cet égard comme à tant d'autres, ce fut en vain.

C'est elle encore qui a rendu impossible l'érection d'un petit séminaire, non moins indispensable, et stérile le sacrifice de plus de 100,000 fr. que l'évêque a consacrés à des tentatives sans fruit.

Ici, toutefois, elle avait une excuse ; elle avait l'exemple que lui donnait le pouvoir en France. Mais fallait-il donc que le contre-coup des injustices consommées sur le continent allât frapper jusqu'au delà de la mer ceux qui en étaient les victimes, et avec eux la foi et la patrie ? Le petit séminaire n'aurait pu être formé que par les Jésuites ; il n'y en eut pas, il n'y en a pas encore.

Croirait-on que, sous cette égide administrative, les prétentions et le despotisme du monopole universitaire se fussent implantés sitôt, avec l'esprit de ses vengeances, dans ces terres à peine ouvertes? Rien pourtant n'est plus vrai. L'Afrique est déjà une des conquêtes de l'Université. Seule, l'Université a le droit d'y distribuer l'instruction supérieure, secondaire, primaire. Si elle ne suffit pas à l'œuvre, tant pis. Personne autre ne la tentera, quelque urgente, quelque précieuse qu'elle soit.

Il s'en faut pourtant que le succès réponde à son ambition.

Je transcris ce que dit Mgr Dupuch du collége d'Alger, si magnifiquement doté, et des exigences élevées en sa faveur.

« Le collége est voisin de l'hôpital ; il n'y a pas d'aumônier véritable et reconnu ; seulement, le chanoine archiprêtre a été admis à faire dans les salles quelques instructions religieuses aux élèves. Durant de trop longues années, le culte protestant fut célébré dans un de ses appartements, l'entrée étant commune. A la dernière solennité de la Nativité de Notre-Seigneur, il a été transféré dans ce bel édifice construit à Alger pour nos frères séparés, aux frais de l'administration.

« Ce collége est unique en Algérie ; pour le développer et le faire prospérer, le gouvernement n'a reculé devant aucune dépense, aucun sacrifice. Nul autre établissement d'instruction publique du deuxième degré n'a été toléré, même dans les provinces. *Je n'oserais pourtant affirmer qu'il puisse offrir à des familles vraiment chrétiennes, les plus sacrées, les plus indispensables de toutes les garanties, malgré de récentes améliorations. Je dirai seulement que l'Université s'étend et s'établit en Algérie, sans doute telle qu'elle existe en France, et au prix de plus d'un grave, d'un capital inconvénient.* Qu'on lise plutôt les lignes suivantes que je crois devoir extraire textuellement d'une dépêche adressée, le 3 juin 1840, par Son Excellence M. le ministre de la Guerre à M. le ministre des Cultes, chargé par moi d'appuyer une de mes demandes de séminaire.

« MONSIEUR ET CHER COLLÈGUE,

« Vous m'avez fait l'honneur de me communiquer une lettre de M. l'Evêque d'Alger, sur la nécessité et les moyens de former dans son diocèse un petit séminaire. »

Ici Son Excellence motive *son refus* sur le petit nombre encore nécessaire d'ecclésiastiques employés en Algérie. Elle ajoute :

« Ce personnel suffira probablement durant quelque temps, et ne peut s'accroître que lentement avec le chiffre de la population catholique, *la seule dont le Clergé ait à s'occuper*, etc.

« Il n'y aurait aucun inconvénient grave, daigne-t-elle dire en terminant, à laisser à M. l'Evêque le soin de réunir, à ses frais, un petit nombre de jeunes enfants dans une école, pourvu que le caractère de l'établissement n'en fît pas une institution rivale du collège. On devrait donc s'entendre préalablement sur les moyens de garantir l'affectation spéciale de l'institution projetée, *l'observation des règles prescrites en France étant plus importante en Algérie.*

« Recevez, etc. »

Le mémoire ne contient aucun commentaire à cette réponse. En effet, elle n'en a pas besoin.

L'administration a octroyé une autre faveur à l'Université. Grâce à l'une et à l'autre, la province d'Alger n'a pas pu obtenir de Frères. A Delhy-Ibrahim, elles avaient placé un instituteur renégat.

Je m'abstiens encore de toute réflexion.

Les Sœurs même dont les écoles gratuites fleurissent admirablement, n'ont pas toujours été à l'abri de toute atteinte : elles enseignent! M. le maréchal Valée, qui s'intéressait à elles, a été obligé de conseiller à l'évêque de partager les divers postes entre des communautés de plusieurs ordres, de manière que la proscription devînt plus difficile. L'administration, très-faible sur certains points, sur d'autres est plus forte, non pas que l'évêque, mais que le gouverneur. Elle s'attaque particulièrement aux femmes, aux religieuses; elle a été jusqu'à poursuivre les humbles et saintes filles de Saint-Vincent-de-Paul, et celles qui n'enseignaient pas, celles de l'hôpital.

L'affaire de l'enlèvement des crucifix est connue. Je ne rappellerai donc, comme modèle des pièces qui s'écrivent là-bas, que le document qui suit :

« Alger, le 10 novembre 1845.

A madame la Supérieure des Sœurs de Saint-Vincent-de-Paul, à l'hôpital civil d'Alger.

« MADAME LA SUPÉRIEURE,

« L'Algérie doit être avant tout le pays de la tolérance en matière de religion. Toutes les sectes chrétiennes, tous les cultes les plus opposés s'y rencontrent. Les hôpitaux surtout doivent être un champ neutre pour toutes les dissidences religieuses, etc., etc.

« On a pu autoriser sans danger aucun, dans quelques hôpitaux de France, le placement de l'image du Christ; mais ici il ne saurait en être de même. Aussi, j'ai l'honneur de vous prier d'inviter les Sœurs sous vos ordres à faire enlever des salles les signes du culte extérieur qui pourraient s'y trouver encore. Toute prière publique doit y être également interdite.

« J'espère que ces observations de ma part suffiront pour faire cesser un état de choses regrettable sous bien des rapports, et qui nuit essentiellement au bon ordre de l'établissement. »

Il fallut faire à Paris les démarches les plus énergiques pour que cette mesure ne fût pas approuvée. Et encore, les *tracasseries*, pour me servir du terme employé par l'administration, dans une autre circonstance, que celle-ci rappelle de loin (celle d'Avignon), les tracasseries n'ont pas cessé. Des menées de même nature ont amené la dissolution d'une autre congrégation chère au diocèse et à son pasteur.

Voilà les dispositions et la conduite de l'administration envers le culte catholique. Jusqu'à présent il n'a été question pourtant que des rapports intérieurs de l'évêque avec la population fidèle et civile de son diocèse. Que sera-ce donc pour les soldats et pour les indigènes?

L'armée exige des secours dans deux circonstances surtout : dans les hôpitaux et dans les campagnes.

L'évêque n'a pu faire nommer que trois aumôniers pour tous les hôpitaux militaires de l'Algérie.

Il voulait attacher au moins un prêtre aux colonnes expéditionnaires. Qu'à personne, s'écriait-il avec déchirement, la religion ne soit imposée, mais que personne ne l'invoque inutilement. Presque toujours il a été repoussé. Récemment il envoie un de ses grands-vicaires, il lui donne son cheval pour suivre les troupes. Une autre fois il envoie à la même mission un prêtre zélé ; on n'en veut pas. Il a été obligé de dire que si celui-là ne partait pas, il partirait lui-même. Et il l'aurait fait.

L'évêque écrit encore à ce sujet :

« La création du titre d'aumônier du 2ᵉ régiment de la légion étrangère m'a fait demander pourquoi pareille faveur ne serait pas accordée au 1ᵉʳ régiment, et pourquoi même chaque brigade au moins de nos braves troupes françaises ne jouirait pas de l'heureuse exception octroyée, si mes souvenirs sont fidèles, par l'ordonnance qui supprima dans le temps les aumôniers ordinaires des régiments.

« A la prise de la Smala, un prêtre avait pu accourir ; à Isly, il ne manquait qu'un de ses confrères pour bénir les drapeaux avant la bataille, et la fosse des glorieux morts après la victoire. »

Voilà comment l'administration répond aux vœux religieux de nos braves. J'ai dit toute la statistique du service religieux militaire.

Et la propagation de la foi ! et la conversion des indigènes ! Qu'avons-nous fait en Algérie? Un seul mot répond : Rien !

L'administration avait prononcé son *veto* dès l'origine ; elle ne l'a pas levé.

Mgr Dupuch, terminant son récit devant le Pasteur suprême, s'écrie :

« Très-saint Père, quand, vous adressant plus particulièrement au gouvernement français et au nouvel Evêque, vous rendiez à l'un de magnifiques actions de grâces, accompagnées de pontificales supplications ; excitant l'autre, encore à vos pieds mille fois bénis, par les plus puissants encouragements, les plus tendres et les plus ardentes exhortations : Prends ta faux, lui écriviez-vous, à ce jeune moissonneur, et entre vigoureusement dans la vigne, etc.

« Vous souvient-il, bienheureux Père, de cet entretien suprême, au moment de son départ de la ville éternelle, quand, une seconde fois, alors qu'il vous disait avec une émotion profonde : *Vado piscari;* vous lui imposiez vos mains vénérables : Va donc et avance-toi jusque dans la plus haute mer : *Duc in altum !*

« Ce que vous me disiez sous toutes les formes, Saint-Père, ce que vous m'envoyâtes faire dès le commencement, je le crus en ce temps-là possible... et encore aujourd'hui, quoique évidemment plus difficile, je ne le regarde pas comme impossible ; ce ne serait pas un langage d'Evêque.

« Mais il eût fallu, sinon être aidé, encouragé, favorisé d'une manière quelconque par le gouvernement de mon pays et de l'Algérie, du moins ne pas être perpétuellement *contrarié, traversé, soupçonné, empêché indirectement, directement même parfois,* sur ce point capital. Mieux, oh ! oui, mieux eût valu mille fois pour un Evêque missionnaire, et le premier Evêque d'Alger ne pouvait pas ne pas l'être, la cangue sous laquelle prêchent encore les apôtres dont la parole n'est pas liée, ou le fer sous lequel ruissela toujours féconde la semence des chrétiens, selon ce que répétèrent les premiers, les vieux échos de cette terre. »

Voici quelques-unes des révélations incroyables qui motivent cette aspiration désespérée aux épreuves moins douloureuses du martyre sanglant :

« Sachez, Père, puisqu'il faut que vous le sachiez et que je secoue enfin une responsabilité qui ne doit plus peser sur moi, et avec elle les ardents charbons qu'elle allume, sachez, par des détails dont le langage a une vertu que n'égaleraient pas les plus expressives paroles, sachez donc que j'ai été prévenu officiellement *(sic)* que je n'étais chargé que des chrétiens romains, et que je ne devais pas oublier que sur nul autre je n'avais de juridiction.

« Sachez qu'une autre fois il me fut ordonné de réprimer sévèrement un de mes prêtres, parce que *(sic)* il avait poussé l'imprudence jusqu'à dire à un Arabe, avec lequel il échangeait quelques discussions religieuses, que le mahométisme était absurde ; il avait, m'écrivait-on officiellement à cette occasion, violé un des articles de la capitulation signée par le vainqueur d'Alger, en 1830, sur les ruines fumantes de Sultan-Calassi, d'après laquelle on devait respecter la religion des indigènes *(sic)*.

« Sachez que, plus tard, un prêtre auxiliaire, qui me devait arriver des montagnes de la Syrie, fut menacé d'être arrêté s'il mettait le pied sur le rivage de Philippeville, parce qu'il savait et parlait l'arabe, et qu'il était possible, je le crois bien, qu'il fût tenté de parler religion aux Arabes.

« Sachez que défense fut sur le point de m'être faite de laisser apprendre l'arabe à mes jeunes clercs ou à leurs frères aînés ; elle l'eût été si aucuns l'eussent osé.

« Et pour tout dire en un mot, car ces détails me font mal, sachez, Père, que, dès 1839, des ordres que j'ai vus avaient été donnés de surveiller de la façon la plus particulière tout ce que je ferais à ce sujet... »

Il est en vérité désolant que l'évêque, ainsi outragé, ait dévoré de tels affronts dans le silence et qu'il ne les ait pas livrés à une publicité vengeresse, tandis qu'il était encore armé du sceptre épiscopal. Que de maux eussent été sans doute réparés ou prévenus !

A cette époque, il avait écrit, malheureusement dans une lettre restée secrète jusqu'à ce jour :

« Monsieur le Ministre, je ne puis admettre une exclusion qui, très-certainement, m'eût empêché, eût empêché tout autre prêtre d'accepter ma belle et difficile mission. Puisque l'occasion s'en présente, je dois rappeler les expressions solennelles de la bulle d'érection de l'évêché d'Alger, accueillie avec tant de bonheur en France et en Afrique... et répéter qu'un Evêque peut SEUL *apprécier et vraiment connaître l'étendue de sa mission*, et les célestes pouvoirs, les rigoureux devoirs qui l'accompagnent et en sont la suite.

« Oh ! combien il est pénible, M le Ministre, de voir qu'en France et dans l'Afrique française... toutes les fois qu'il peut s'agir de la colonisation, tous parlent de toute espèce de moyens et de plans, et pas un seul des effets pourtant assez connus du Christianisme !... Bien plus, pourquoi faut-il qu'une *sorte de défiance* s'attache, sans qu'on s'en doute, et pour ainsi dire *naturellement*, *de la part d'un grand nombre,* aux espérances, aux efforts, aux progrès de la religion chrétienne?

« *Des chrétiens, des Français se sont faits musulmans.* En pleine mosquée ils ont apostasié, et ils sont interprètes, haut placés, correspondants de journaux graves. Ces indignes apostasies n'ont soulevé aucune réclamation : *et nous, nous ne pourrions, nous ne devrions nous occuper que des seuls catholiques !* »

M. l'évêque d'Alger dit ensuite que, depuis le mois de juin 1840, date de cette lettre, le langage ne changea de part ni d'autre.

Et il ajoute ces réflexions qui ont trait à tout l'ensemble de la situation.

« Que parler ici de neutralité? Est-ce qu'un gouvernement chrétien peut être neutre en pareille entreprise?

« Voulez-vous donc exterminer ce malheureux peuple? — Non, je le sais. — Voulez-vous plutôt le civiliser, le rapprocher de vous, l'unir à vous, le fondre en vous? — Oui, je le sais encore.

« Mais, au nom du Ciel, au nom de vos intérêts les plus chers, au nom de tant de sang et d'or versés déjà, puisque ce peuple est avant tout et par-dessus tout profondément religieux, et que le Christianisme a bien assez fait ses preuves depuis dix-huit cents ans et plus, encore une fois, essayez-en donc auprès de lui, mais franchement, mais à la saint Louis, qui vous le crie et vous bénira au sein de son tombeau de Carthage, du haut des cieux qu'il conquit à ce prix.

« Sinon, laissez-nous faire, ou renvoyez-nous... et faites-vous musulmans vous-mêmes, si vous le voulez; car, sans cet abîme comblé de la différence de votre foi et de la leur, vous n'en ferez point un seul peuple avec vous; et en ceci, il n'y a rien au monde de plus mortel que l'indifférence, ou plutôt c'est la mort même. Ah! pardonnez .. soyez, soyez plutôt, redevenez chrétiens, et qu'avec vous ils le soient! En vérité, et de bonne foi les concevriez-vous Français, et non pas chrétiens? Pour moi, non, et je crois les connaître autant que vous.

« Et pourtant, très-saint Père, dans les discours solennels comme dans les épanchements de l'intimité, si douce d'ailleurs, à la tribune, dans toutes sortes de livres et de publications quelconques où cette question de l'avenir de l'Algérie est traitée, examinée, débattue, tournée, retournée de toutes façons, pas une seule fois Dieu n'intervient, ne paraît être bon à quelque chose et même possible! son nom n'y est pas une fois unique prononcé.

« D'armée, d'agriculture, de commerce, d'industrie, de civilisation, colonisation, systèmes restreints ou étendus, combinaisons de toute sorte, rien n'est oublié, sinon toujours Dieu, Jésus-Christ et sa croix, qui s'allia plus d'une fois pourtant en plein soleil à la charrue et à l'épée, même des plus habiles et des plus vaillants...

« Et vous, Père saint, excusez ce ruisseau de paroles et d'émotions qui s'en va déborder dans votre âme sublime de vicaire de ce divin Jésus. Mais c'est vrai, et si quelqu'un osait dire qu'il y a au moins de l'exagération de ma part, je lui répondrais devant vous qu'il n'y en a pas plus dans ma bouche que d'amertume dans mon cœur... Évêque démissionnaire et sur le seuil entr'ouvert de Notre-Dame de Staouëli, j'écris comme écriraient les morts : la vérité. »

La vérité, je suis en droit maintenant de la résumer ainsi :

L'organisation hiérarchique entravée ;
Les œuvres libres inquiétées ;
Le service religieux de l'armée annulé ;
La conversion des infidèles interdite.
Voilà le rôle de l'administration.

VI

C'est dans cette situation, véritablement intolérable, que Mgr Dupuch, accablé par le sentiment de son impuissance, compromis par le pouvoir, obéré de dettes contractées entre toutes les mains, voyant le zèle se refroidir, la confiance se perdre, la charité elle-même s'inquiéter, le vide se faire autour de lui, s'est résigné à déposer un fardeau devenu trop lourd pour ses épaules. Lui qui n'avait accepté l'épiscopat que comme une nécessité, il n'a rien fait pour s'en décharger avant le temps ; il a tout fait, au contraire, pour porter jusqu'au bout cette lourde croix, dont personne plus que lui n'a pu comprendre la pesanteur. Ses lettres, sa correspondance confidentielle, ses rapports au gouverneur-général, son Mémoire de 1845 démontrent qu'il avait vu depuis longtemps toutes les inextricables difficultés où il était jeté et leur terme fatal. Ce terme, du reste, il l'avait envisagé d'un œil résigné, ferme et chrétien. Aussi, quand le moment fut venu d'une dernière et publique manifestation, il était prêt à rendre un compte exact de son épiscopat, et il l'a admirablement retracé dans ces quelques mots vraiment dignes de tout son passé, et qui ferment sur lui-même tous les rêves que son cœur d'évêque avait si longtemps caressés pour l'avenir.

« Ce diocèse, je l'ai vu naître, se développer jour par jour, instant par instant ; cent fois je l'ai visité, depuis la régence de Tunis jusqu'à l'empire du Maroc, dans lequel même j'ai pu pénétrer.

« J'ai interrogé les ruines des églises qui, par milliers, avaient fleuri sur cette même terre , j'en ai exhumé tous les monuments que j'ai pu y rencontrer, et plus que des monuments, les ossements des Pontifes et des Martyrs ; j'ai recherché depuis Gibraltar jusqu'au fond de la Sicile, et en Portugal, et en Espagne, et dans les Gaules, ma patrie, et sur tous les rivages de l'Italie, dans les îles de la Méditerranée, célèbres par l'ancienne hospitalité des saints, les traces de ceux qui furent et les premiers apôtres et les plus pures gloires de l'Afrique ; j'ai pu les retrouver pour la plupart, et avec elles leurs sacrées dépouilles. J'avais obtenu et je préparais leur retour , que d'autres plus heureux pourront consommer. J'ai même rapporté avec une pompe et des circonstances qui rappellent les temps antiques, les restes du plus illustre d'entre eux, de celui qui, selon une expression magnifique redite en 1842 par tous les échos d'Hippone, qui tressaillaient, fut illustre parmi les illustres et saint parmi les saints. J'ai voulu faire davantage, je n'ai pas pu.

« Ce n'est pas le labeur que j'ai récusé ; je me suis arrêté, non vaincu , mais brisé par les obstacles les plus étranges, et contre lesquels je n'avais pas cessé de me débattre, depuis le premier jour presque de mon épiscopat, et non peut-être sans quelque courage et quelque dévouement.

« Pauvre à mon arrivée, je me retire plus pauvre ; mais ni vous, très-saint Père, ni le gouvernement de mon pays, ne fût-ce pour lui que comme une acte de haute justice, n'auriez pu permettre que ce fût aux dépens et périls des plus humbles de mes frères ou du plus proche de mes amis.

« Et jusqu'au dernier, jusqu'au suprême battement de mon cœur, toujours épiscopal, je l'espère, et vous ne cesserez de le demander avec moi à Dieu, je continuerai pour eux tous, pour cette chère Eglise dans l'enfantement de laquelle je succombe, de supplier le Seigneur, le Père de toute miséricorde et de toute bénédiction, sous la bure et dans le mystérieux exercice de la pénitence que j'ai choisie pour mon impérissable héritage. »

Il termine ainsi :

« Je n'ai plus qu'une parole suprême à laisser tomber de mes lèvres, prêtes à se fermer pour tous discours humains. Je me recueille de plus en plus devant Dieu, en l'adressant, avec une émotion égale à ma conviction, au gouvernement de mon pays ; il sait avec quelle sincérité je lui suis dévoué.

« Elle était véritable il y a deux mille ans et plus ; elle est aujourd'hui encore, et elle sera toujours, car elle fut inspirée de

Dieu : *Nisi Dominus œdificaverit domum, in vanum laborave-
runt qui œdificant eam !*

« J'ai dit, Père ; murez à jamais ma bouche ! »

C'est aussi par là que je finis. D'ailleurs la plume m'é-
chappe de fatigue, de tristesse et d'émotion.

Au moment, en effet, où il clot la dernière scène de ce
long récit, à la vue de tant d'espérances évanouies, de
tant d'amers désenchantements, d'un état de choses ac-
tuellement si précaire, celui qui écrit ces lignes est dou-
loureusement assiégé par des pensées et des souvenirs
étrangement contraires. Il se rappelle les premiers temps
de l'érection de l'évêché, et combien, quelque temps après,
lorsque Mgr Dupuch revint en France, l'aspect seul de l'é-
vêque missionnaire, de l'ouvrier évangélique choisi pour
recueillir l'héritage oublié, pour remettre en valeur ces
champs vastes et incultes, inspirait et réveillait de sympathies sur son passage. Sa parole apostolique, si animée, si
vive, si brûlante, au sortir de son cœur passait dans les
âmes comme une étincelle électrique et ravissait en exal-
tant. Il aurait fallu l'entendre racontant les misères, les
faiblesses physiques et morales, les qualités précieuses
surtout de ses chers diocésains ; les marques qu'il avait
reçues de leur empressement et de leur amour ; le bien qu'il
voulait leur faire ; ses plans de conquête aussi sur les Arabes, les projets de son ambition évangélique ; ses courses
au fond du désert, l'hospitalité et le respect des indigènes
pour le grand marabout des chrétiens, leur admiration
pour notre culte enfin établi, pour nos mystérieuses et
saintes cérémonies, pour l'auguste sacrifice célébré dans
les plaines resplendissantes de la Mitidja, sur un autel
de verdure et de feuillage, avec toute la solennité des
pompes religieuses et de la puissance militaire. Il me
semble voir, sous l'impression de son éloquence entraî-
nante, ce spectacle imposant, cette armée rangée en bataille, les fusils brillant au soleil, et puis, au moment
solennel de l'Elévation, au milieu du roulement des tam-
bours, au bruit des fanfares et du canon, les hommes des
tribus, groupés à l'entour, cédant, eux aussi, à une impulsion irrésistible, enfonçant leur yatagan dans le sable
et se précipitant, la figure dans la poussière, aux pieds du
Dieu inconnu !

Hélas ! à quoi bon réveiller la mémoire de ces récits

touchants et de ces choses plus touchantes encore? Il ne m'est pas permis de m'écarter des bornes d'une tâche difficile et d'une mission austère. Chargé seulement de résumer et d'analyser les pièces décisives d'un procès capital, je n'aurais pas dû, sans doute, mêler à des intérêts si graves la trace fugitive d'une impression personnelle et sans valeur. Je demande grâce pour cet oubli et pour cette faute, si c'en est une. Mais la tête absorbée tout entière par le travail le plus pénible et le plus douloureux, le front penché sur les monuments affligeants d'une réalité malheureuse, je n'ai pu m'empêcher de rêver encore une fois à des illusions disparues, et de me reporter, avec un souvenir d'une tristesse mélangée de quelque charme, à l'un de ces jours où, perdu dans une foule chrétienne, le plus jeune et le dernier, mais non peut-être le moins enthousiaste, je saluais avec elle, à leur aurore, la régénération de l'Eglise d'Afrique et la constitution définitive de notre France algérienne, sous les auspices de la foi.